Toki Pona

La langue du bien

Sonja Lang

Réviseurs (livre français) : Ludivine Delnatte *(jan Lewina)*, Pascal Blondiau *(jan Pasa)*, Sylvain Lumbroso
Réviseurs (livre anglais) : Christopher Huff *(jon Kowisi)*, Matthew Chisholm *(jan Matejo)*, Joop Kiefte *(jan Mimoku)*, Michael Everson, Aaron Chapman *(jan Alono)*, John Clifford *(jan Kipo)*, Matthew Martin *(jan Mato)*, Bryant J. Knight *(jan Pije)*, Robert Warnke *(jan Lope)*, Sam Brenner *(jan San)*, Kobi Kai Calev *(jan Ka)*, Nizar Habash *(jan Nisa)* et Paul Swift *(jan Po)*.

Auteur de bandes dessinées : Russ Williams (p. 75)
Calligraphe du *sitelen sitelen* : Jonathan Gabel (p. 76–82)
Illustratrice : Yara Hindawi (p. 97–98)

Créatrice du toki pona et auteure de ce livre :
Sonja Lang *(jan Sonja)*

ISBN : 978-0-9782923-5-5 (première édition française)

4

Table des matières

Préface

Je commence par le nom de Dieu.

Tu tiens le livre du Toki Pona !

Le Toki Pona est ma tentative philosophique de comprendre le sens de la vie en 120 mots.

En combinant réflexion intérieure, linguistique comparée et amusement, j'ai conçu un système de communication pour simplifier ma pensée.

J'ai d'abord publié mon micro-langage sur Internet en 2001. Une petite communauté de passionnés est alors apparue.

Dans ce livre, j'espère présenter la langue sous sa forme complète. Voici ma façon à moi d'utiliser le Toki Pona.

Sonja

mi open lon nimi sewi.

sina pu a!

toki pona li tan seme? tenpo pini la mi wile sona e kon ale kepeken nimi lili.

mi lukin e kon mi. mi kama sona e toki mute. mi musi. mi pali e nasin toki lili. ona li pona e toki insa mi.

mi pana e toki lili mi tawa jan ale lon ilo lipu lon tenpo pini. kulupu lili li kama. ona li olin e toki pona.

pu la mi wile pana e selo pini pi toki pona. nasin ni la mi kepeken toki pona.

jan Sonja

Qu'est-ce que le Toki Pona ?

Simple et naturel

Les langues modernes expriment les choses les plus simples de manière complexe. Qu'est-ce qu'un géologue sinon une « personne qui connaît la Terre » ? Y a-t-il une différence pratique entre les mots « immense », « énorme » et « gigantesque » ? Quel encombrement !

Le Toki Pona est une langue qui décompose les idées avancées en leurs éléments de base. Avoir faim, c'est « vouloir manger ». Enseigner, c'est « donner un savoir ». Cette technique nous permet de réduire considérablement le vocabulaire et les structures grammaticales requises pour exprimer ce qu'on veut dire.

Simplifie ta pensée. Moins, c'est plus.

Conception

Du point de vue de la sémantique, du lexique et de la phonétique, le Toki Pona est minimaliste. Il utilise le minimum de petites parties pour créer un effet maximum. Le langage tout entier ne comprend que 120 mots et 14 lettres de l'alphabet.

Chacun des mots a été choisi avec soin pour couvrir un large éventail de sens. Par exemple, *kili* veut dire un fruit ou un légume, ce qui comprend les navets, les kumquats et même les airelles. Un *lipu*, c'est un document : soit un livre imprimé, une carte postale ou une tablette d'argile. Le mot *jan* (prononcé « yanne ») désigne un être humain, peu importe qu'il soit blanc ou noir, athée ou musulman, riche ou pauvre.

À bien des égards le Toki Pona ressemble à un créole. Lorsque des gens de différentes cultures ont besoin de communiquer, ils doivent se concentrer sur les éléments les plus universels de l'expérience humaine.

Le Toki Pona offre une possibilité de réduction sémantique. Tout comme on peut réécrire une fraction en maths, par exemple de $^4/_8$ à $^1/_2$, on peut décomposer ses pensées en leurs unités fondamentales pour y découvrir le vrai sens des choses. On peut comprendre les idées complexes en combinant leurs composantes les plus petites.

Omniprésente dans la langue, il y a une idée intrinsèque de bonté. L'expression pour désigner un ami veut littéralement dire « bonne personne ». Le bonheur, c'est le « bon sentiment ». L'expression *toki pona* elle-même signifie « bonne langue » ou « langue simple ».

Bien que son vocabulaire et sa grammaire soient très simples, le Toki Pona contient tout de même quelques règles fondamentales de syntaxe pour maintenir la cohésion d'une phrase. Par exemple, on place la particule *li* pour séparer le sujet du verbe.

Limites

Parce qu'il est si général et vague, il manque souvent au Toki Pona la capacité de distinguer les subtilités de sens. Par exemple, en réunissant toutes les espèces possibles d'oiseaux sous l'unique mot « waso », on élimine le besoin de mémoriser des centaines d'articles de vocabulaire. Cependant nous sommes tout de même dans l'incapacité de faire la différence entre les aigles et les poules. Les traductions les plus proches pourraient être « oiseau fort » *(waso wawa)* et « oiseau stupide » *(waso nasa)*.

Les applications du Toki Pona sont assez limitées. Bien qu'il soit très facile pour une personne de méditer, de communiquer ses pensées honnêtes et ses activités quotidiennes en Toki Pona, il est impossible de traduire un manuel de chimie ou un document juridique dans ce langage sans pertes considérables. De tels textes sont les produits de la civilisation moderne et complexe dans laquelle nous vivons. Ils ne conviennent pas à une jolie petite langue comme le Toki Pona.

En tant que langue artistique aux moyens limités d'expression, le Toki Pona n'essaie pas de transmettre chacune des facettes et des nuances de la communication humaine. Et pourtant les résultats qu'on peut obtenir avec si peu d'éléments se révèlent être très intéressants sinon éclairants sur le plan spirituel.

Si la langue française est un roman épais, alors le Toki Pona est un haïku.

Avantages

S'exercer à penser en Toki Pona peut rendre notre esprit plus perspicace. Si la plupart des problèmes dans la vie est créé par nos pensées superflues, alors le Toki Pona les purifie, élimine le bruit et montre le centre des choses. Plusieurs de ces principes ont été inspirés par le *Dào Dé Jīng*, qui enseigne : « Pouvez-vous calmer votre esprit de ses égarements et respecter l'Unicité originelle ? »

Par exemple, qu'est-ce qu'un « mauvais ami » ? L'expression pour ami en Toki Pona est *jan pona*, ce qui veut dire « bonne personne ». On se rend compte rapidement qu'un mauvais ami est une contradiction en soi. Dans un autre exemple, le mot *wile* veut dire non seulement « avoir besoin » mais aussi « vouloir ». Cela nous aide à aligner nos désirs avec nos besoins réels.

Le Toki Pona insiste fortement sur le contexte. Du point de vue du passager, une voiture pourrait être *tomo tawa*, c'est-à-dire un espace intérieur qui se déplace. Peut-être que le chauffeur la voit comme *ilo tawa* : une machine pour avancer. Et pour le pauvre bonhomme qui traverse la rue et qui, tout à coup, est heurté par la voiture, alors elle est *kiwen tawa* : un objet dur en mouvement.

La personne qui parle et la personne qui écoute doivent comprendre le sens d'un mot grâce à son contexte immédiat. Le Toki Pona nous encourage à prendre pleine conscience du moment présent.

Première Partie
Leçons

Leçon 1 : lettres et sons

Le Toki Pona utilise seulement 14 lettres de l'alphabet.

a e i j k l m n o p s t u w

Voyelles

Il y a cinq voyelles. Elles ressemblent à celles de l'espagnol, du japonais ou de l'espéranto.

	prononciation
a	« a » comme **ananas** ou **patatras**
e	« é » ou « è » comme **éberluer**
i	« i » comme cal**li**pyge
o	« o » comme **oto**-rhino-laryng**olog**iste
u	« ou » comme **tourlourou**

Consonnes

Le Toki Pona a neuf consonnes. Les lettres *p t k m n s l w* ont généralement le même son qu'en français. La lettre *j* est semblable à celle de l'allemand. Par exemple, le mot *jelo* se prononce comme le mot anglais « yellow ». Il faut toujours prononcer le *n* à la fin d'une syllabe. Par exemple, on prononce *kan* comme « canne » et jamais comme « quand ».

Le Toki Pona est une langue indulgente. Parce qu'elle utilise si peu de sons, votre langue jouit de plus de liberté. Par exemple, si vous dites *bona* au lieu de *pona*, votre prononciation sera toujours acceptable.

L'accent tombe sur la première syllabe d'un mot. Cette syllabe est un peu plus forte, plus longue ou plus aiguë. Par exemple, le mot *toki* est prononcé « TO-ki » et non « to-KI ».

Les mots du Toki Pona sont généralement écrits en minuscules, même au début d'une phrase.

Exercice

Lisez ces mots à voix haute. Leur prononciation devrait ressembler à des mots français.

1. *laso*
2. *lete*
3. *ale*
4. *tan*

5. *mije*
6. *kon*
7. *sewi*
8. *len*

Les réponses sont à la page 68.

Leçon 2 : mots et phrases

Mots

NOMS

ijo	chose, quelque chose, un être
jan	personne, humain
kili	fruit, légume
lipu	document
meli	femme, femelle
ni	ceci, cela
soweli	animal, mammifère terrestre

Grammaire

Le nom est un mot qui désigne une personne, un endroit ou une chose.

Pour former une phrase simple en Toki Pona, suivez ce modèle :

NOM + *li* + NOM.
ijo li ijo.
Quelque chose est quelque chose.

Les noms ne sont pas singuliers ou pluriels. Le mot *meli* peut signifier « femme » ou « femmes ».

Le Toki Pona n'utilise pas les articles tels que « un » ou « le ». Le mot *jan* peut vouloir dire « une personne » ou « la personne » selon la situation.

Exemples

1. *ni li jan.*
   Ceci est une personne.

2. *ni li kili.*
   Cela est une banane.

3. *lipu li ijo.*
   Un livre est une chose.

4. *jan li meli.*
   La personne est une femme.

5. *soweli li ijo.*
   Les animaux sont des choses.

6. *meli li jan.*
   Les femmes sont des personnes.

Traduire

1. Une chose est une chose.

2. Ceci est un livre.

3. La femme est une personne.

4. Les humains sont des êtres.

5. L'ourse est femelle.

6. Les bleuets sont des choses.

7. Ceci est une feuille de papier.

Les réponses sont à la page 68.

Leçon 3 : noms et adjectifs

Mots

NOMS

telo	eau, liquide
tomo	maison, bâtiment, pièce, demeure

ADJECTIFS

lili	petit
pona	bon, simple, sympa
suli	grand

Grammaire

L'adjectif est un mot qui décrit un nom. Il peut être l'élément central d'une phrase :

NOM + *li* + ADJECTIF.
ijo li pona.
La chose est bonne.

On peut aussi ajouter l'adjectif après un nom pour le décrire. En Toki Pona, le nom est placé en premier : c'est la chose dont on parle. L'adjectif vient après : il précise le nom et donne plus de renseignements.

NOM + ADJECTIF

tomo suli
« grande maison »
palais

jan pona
« bonne personne »
ami(e)

meli lili
« petite femme »
fille

telo suli
« grande eau »
la mer

Notez que cet ordre est parfois l'inverse du français. Souvent deux mots en Toki Pona se traduisent par un seul mot français.

Un deuxième nom peut aussi prendre le rôle de l'adjectif. Cette structure est semblable au complément introduit par « de » en français.

NOM + NOM

lipu soweli
livre d'animaux

tomo meli
le foyer d'une femme

Exemples

1. *telo li pona.*
   L'eau est bonne.

2. *telo kili li suli.*
   Le jus (« eau de fruit ») est grand.

3. *meli li lili.*
   La femme est petite.

4. *soweli lili li pona.*
   Le petit animal est sympa.

5. *jan ni li suli.*
   Cette personne est grande.

Traduire

1. L'animal femelle est gentil.

2. Ceci est un ami.

3. La salle de bains (« salle d'eau ») est petite.

4. Ceci est un chaton (« petit animal »).

5. Le bébé (« petit humain ») est du sexe féminin.

6. Les grands livres sont bons.

7. Le fruit est un melon d'eau.

Les réponses sont à la page 68.

Leçon 4 : toi et moi

Mots

NOMS

mi	je, moi, nous
mije	homme, mâle
sina	tu, toi, vous
kulupu	communauté, groupe

ADJECTIFS

sin	nouveau, encore un, frais
wawa	fort, sûr, fiable

Grammaire

Les mots *mi* (« je, nous ») et *sina* (« tu, vous ») font exception à la règle. Si le sujet de la phrase est *mi* ou *sina* tout seul, on n'ajoute pas la particule *li* après.

mi mije.	*sina sin.*
Je suis un homme.	Tu es nouvelle.

On peut utiliser *mi* et *sina* comme adjectifs pour préciser un nom :

tomo mi	*kulupu sina*
mon appartement	votre communauté

Exemples

1. *tomo sina li sin.*
   Ta maison est nouvelle.

2. *mije li jan pona.*
   L'homme est un ami.

3. *tomo soweli li lili.*
   La niche à chien est petite.

4. *sina mije wawa.*
   Vous êtes un homme fort.

5. *kulupu sin li wawa.*
   La nouvelle communauté est fiable.

6. *ni li lipu sina.*
   Ceci est votre livre.

Traduire

1. Tu es forte.
2. Cela est mon kiwi.
3. L'eau fraîche est une bonne chose.
4. La bibliothèque (« édifice de livres ») est nouvelle.
5. Mon groupe est grand.
6. Mon homme est fort.
7. Vous êtes une grande femme.

Les réponses sont à la page 68.

Leçon 5 : verbes

Mots

VERBES

jo	avoir, contenir, porter
kute	écouter, obéir
moku	manger, boire
pali	faire, travailler
sona	savoir, connaître
toki	parler, communiquer

Grammaire

Le verbe est un mot qui exprime l'action faite à un nom. Pour former une phrase avec un verbe, suivez ce modèle :

NOM + *li* + VERBE + *e* + NOM.
ijo li pali e ijo.
La chose fait quelque chose.

En Toki Pona, les verbes n'indiquent pas de temps particulier. L'action peut se dérouler dans le passé, le présent ou l'avenir.

mi moku e telo.
J'ai bu de l'eau. Je bois de l'eau. Je boirai de l'eau.

On peut omettre l'objet du verbe ou bien utiliser le mot *ijo* pour combler l'espace vide.

mije li sona.	*mije li sona e ijo.*
L'homme sait.	L'homme sait des choses.

On peut convertir un verbe en nom :

toki

> VERBE parler
>
> NOM ce qu'on parle : une langue
> l'action de parler : la parole

moku

> VERBE manger
>
> NOM ce qu'on mange : de la nourriture
> l'action de manger : la dégustation

On peut également utiliser un verbe comme adjectif. Par exemple, *jan sona* est une personne qui s'y connaît, un savant. Une pièce où on mange est *tomo moku*.

Exemples

1. *mi sona e toki pona.*
   Je connais une langue simple.

2. *mije ni li jan toki.*
   Cet homme est un messager.

3. *soweli suli li moku e sina.*
   Un grand animal te dévore.

4. *lipu kulupu li wawa.*
   Le livre de la communauté est solide.

5. *sina pali e moku sin.*
   Tu as fait un nouveau repas.

6. *jan sona li kute.*
   Un homme érudit écoute.

7. *tomo sona li jo e lipu.*
   L'école a des livres.

Traduire

1. Je t'écouterai.
2. L'orange contient du liquide.
3. La communauté construit un réfectoire (« salle à manger »).
4. Le travailleur a un peu de connaissances.
5. Les amis ont mangé de la viande.
6. La femme a obéi à l'homme.
7. Le petit groupe a une nouvelle langue.

Les réponses sont à la page 69.

Leçon 6 : d'autres adjectifs

Mots

ADJECTIFS

ala	non, ne, pas, zéro
ike	mauvais, négatif
mute	beaucoup, très
pu	en train d'interagir avec le livre officiel du Toki Pona
sewi	élevé, sacré, divin
wan	un, uni

NOM

mama	parent

Grammaire

On peut aussi placer un adjectif directement après le verbe pour le modifier.

mi moku ala e soweli.
Je ne mange pas d'animaux.

mi toki pona e ijo.
Nous communiquons bien les choses.

L'adjectif peut également modifier un autre adjectif.

pona mute   *wawa lili*
très bien   un peu forte

On peut convertir l'adjectif en nom :

sewi

ADJECTIF	élevé, sacré, divin
NOM	ce qui est élevé : Dieu

ala

ADJECTIF	ne pas
NOM	ce qui n'est pas : le néant

On peut convertir les adjectifs en verbes :

pona

ADJECTIF	bon
VERBE	rendre bon, améliorer

suli

ADJECTIF	grand
VERBE	rendre grand, agrandir

Exemples

1. *pali sina li pona mute.*
   Votre travail est très bon.

2. *telo li wawa e mi.*
   L'eau me rend forte.

3. *jan sona li pu.*
   Les savants consultent le livre du Toki Pona.

4. *meli lili li kute ike e mama.*
   Les filles ont mal entendu le parent.

5. *sewi li wan.*
   Dieu est Unique.

6. *jan ala li ike.*
   Personne n'est méchant.

7. *mama mije li pu mute.*
   Les pères utilisent beaucoup le livre du Toki Pona.

Traduire

1. L'unité est bonne.
2. J'ai entendu l'océan.
3. Je connais un peu le Toki Pona.
4. Le livre sacré contient des connaissances.

5. La grande communauté sera unie.

6. L'homme ne mange pas de mauvais fruits.

7. Manger me fait grandir.

Les réponses sont à la page 69.

Leçon 7 : questions et réponses

Mots

NOMS

ilo	outil
kala	poisson, animal sous-marin
ona	il(s), elle(s)

PARTICULES

anu	ou
seme	quoi ? quel ?

Grammaire

Pour poser une question de type « quoi ? », on formule une phrase selon le modèle habituel, mais on ajoute le mot *seme* à l'endroit où on veut obtenir les renseignements. L'ordre des mots ne change pas.

seme li sin?	*jan seme li toki?*
Quoi de neuf ?	Quelle personne parle ?

Il y a deux manières de poser une question dont la réponse est oui ou non. La première consiste à ajouter l'expression *anu seme* à la fin de la phrase.

> *sina pu anu seme?*
> As-tu touché le livre officiel du Toki Pona ?

La seconde manière consiste à répéter le mot utilisé comme verbe en intercalant *ala* entre les deux mots répétés.

> *ona li mama ala mama?*
> Est-elle une parente ?

Si la réponse est « oui », on répète le verbe.

> *mama.*
> Oui.

Si la réponse est « non », on répète le verbe et on ajoute *ala*, ou on utilise seulement *ala*.

> *mama ala.* *ala.*
> Non. Non.

Exemples

1. *ona li jo ala jo e kili mute?*
   Est-ce qu'il a beaucoup de légumes ?

2. *jo.*
   oui.

3. *mije sona li jo e kala anu seme?*
   L'homme sage porte-t-il un poisson ?

4. *sina seme e ona?*
   Qu'est-ce que vous lui faites ?

5. *tomo li jo ala jo e ilo toki?*
   La pièce a-t-elle un téléphone ?

6. *sina kute ala kute e mama sina?*
   Vous obéissez à vos parents ?

7. *kala wawa li moku e seme?*
   Qu'est-ce que le requin mange ?

Traduire

1. Quels outils as-tu ?

2. Est-ce qu'il écoute ?

3. Est-ce que le groupe unifié lit le livre officiel du Toki Pona ?

4. Qu'est-ce que nous faisons ?

5. Est-ce que le poisson boit de l'eau ?

6. La cuillère est-elle petite ?

7. J'entends un homme ou une femme.

Les réponses sont à la page 69.

Leçon 8 : prépositions

Mots

VERBES

    pana   donner

PRÉPOSITIONS

    tawa   à, pour, en mouvement vers
    lon   à, situé, dans, sur ; présent
    kepeken   avec, en utilisant
    tan   de, à cause de

Grammaire

Les prépositions introduisent souvent un nouveau nom. La préposition (et les mots qui la suivent) peut se trouver à la fin d'une phrase :

mi pana e kala tawa ona.
Je donne le poisson à elle.

mi pana e kala lon tomo.
Je donne le poisson dans la maison.

mi pana e kala tawa ona lon tomo.
Je donne le poisson à elle dans la maison.

On peut aussi former une phrase autour d'une préposition :

mi lon tomo.
Je suis dans la maison.

mi tawa sina.
Je me dirige vers toi.

Exemples

1. *mama mi li tawa telo suli.*
   Mes parents vont à la mer.

2. *mi pali mute tan ni.*
   Je travaille beaucoup à cause de ça.

3. *mi toki lon toki pona.*
   Je parle en Toki Pona.

4. *soweli lili li pona tawa mi.*
   Les petits animaux sont gentils envers moi.

5. *kulupu pali li kepeken seme?*
   Qu'est-ce que le groupe de travail utilise ?

6. *mi sona e toki mute tan meli ni.*
   Je connais plusieurs langues à cause de cette femme.

7. *mije sin li lon tomo telo anu seme?*
   Est-ce que le nouvel homme est aux toilettes ?

Traduire

1. J'utilise le Toki Pona.

2. Il donne des choses de sa maison.

3. Les légumes ne sont pas mauvais.

4. L'ouvrier utilise des outils.

5. Je suis présent.

6. La conférencière a partagé des connaissances aux auditeurs.

7. Pourquoi as-tu fait ça ?

Les réponses sont à la page 69.

Leçon 9 : noms propres

Mots

NOMS

ma	terre, pays
nasin	rue, voie, manière
nena	colline, bosse
nimi	nom, mot

VERBES

utala	se battre contre

Grammaire

Les mots étrangers, tels que les noms uniques de personnes et de lieux, s'adaptent aux règles phonétiques du Toki Pona :

1. Chaque syllabe se compose d'une consonne, puis d'une voyelle, et éventuellement d'un *n* (optionnel).
2. La première syllabe du mot peut ne pas avoir de consonne initiale.
3. Les syllabes *ti* et *tin* deviennent *si* et *sin*.
4. La consonne *w* ne se place pas directement avant le *o* et le *u*.
5. La consonne *j* ne se place pas directement avant le *i*.

Les noms propres fonctionnent comme des adjectifs. On les place généralement après le nom qui décrit leur catégorie. Par exemple, *ma tomo* (« terre avec maisons ») est une ville et *ma tomo Isanpu* est Istanbul. Comme toujours, l'accent tombe sur la première syllabe.

Exemples

1. *nimi mi li Apu.*
   Mon nom est Apu.

2. *ma Apika li jo e jan mute.*
   L'Afrique a beaucoup d'habitants.

3. *meli Sonko li tawa nasin Kuwin.*
   La femme chinoise va à la rue Queen.

4. *jan Epawam Linkan li tan ma Mewika.*
   Abraham Lincoln était originaire des États-Unis.

5. *ma tomo Pelin li lon ma Tosi.*
   Berlin est en Allemagne.

6. *sina sona ala sona e toki Kanse?*
   Savez-vous parler le français ?[1]

7. *nena sewi Kepelitepe li lon ma Tuki.*
   La colline sacrée de Göbekli Tepe est en Turquie.

---

1   Il n'y a pas de lettre F dans le Toki Pona. Le R uvulaire du français se transcrit par un *k*.

Traduire

1. Monsieur Sulu se bat contre un méchant.

2. Vous êtes originaire de l'Allemagne ?

3. La Chine est très grande.

4. Le lac Titicaca est au Pérou.

5. La communauté africaine utilise de nombreuses langues.

6. Je vais en France.

7. Quel est votre nom ?

Les réponses sont à la page 70.

Leçon 10 : salutations et émotions

Mots

PARTICULES

a	(exprime une émotion)
mu	(cri d'animal)
o	(interpellation ou ordre)

ADJECTIFS

pilin	se sentant

Grammaire

Pour saluer quelqu'un, on peut dire :

toki.
Bonjour.

pona tawa sina!
Soyez en paix !

kama pona!
Soyez le bienvenu !

seme li sin?
Quoi de neuf ?

Pour dire « au revoir », la personne qui s'en va peut dire :

mi tawa.
Je pars.

La personne qui reste peut répondre :

tawa pona.
Bon voyage !

Note : ces expressions et salutations sont souvent des phrases incomplètes.

La particule *a* ajoute de l'émotion et accorde de l'importance à ce qui précède. Elle peut s'employer :
1. seule,
2. à la fin d'une phrase ou
3. à la fin d'un nom (ou de son groupe).

La particule *o* a trois emplois :
1. après le nom (ou son groupe) pour montrer qui on appelle ou à qui on s'adresse,
2. avant le verbe pour exprimer un ordre ou une demande,
3. après le sujet (en remplaçant le *li*) pour exprimer un souhait ou un désir.

Exemples

1. *o toki ala. o pali.*
   Ne parlez pas. Agissez.

2. *jan Peteleme o, ni li soweli sina anu seme?*
   Ô Berthélémé, est-ce votre gerbille ?

3. *o moku ala e kili mi.*
   Ne mangez pas mon navet.

4. *sina pilin ike tan seme?*
   Pourquoi es-tu triste ?

5. *sewi o pana e pona tawa mi.*
   Ô Dieu, donne-moi le bien.

6. *o kute e mama sina.*
   Obéissez à vos parents.

7. *sina suli a!*
   Tu es si grand !

8. *pona!*
   Merci !

9. *mi o moku e ijo pona.*
   Je devrais manger de bonnes choses.

Traduire

1. Lisa est heureuse.

2. Ha ha ha !

3. Miaou !

4. Donnez-moi l'outil.

5. Va dans ta chambre.

6. Le Canada a beaucoup de poissons, ouah !

7. Hé Ali, sois fort.

Leçon 11 : particule *pi*

Mots

NOMS

kasi	plante
sijelo	corps, état physique
suno	soleil, lumière
tenpo	temps, période

ADJECTIFS

awen	qui attend, qui reste, conservé
tawa	en mouvement, animé

PARTICULES

pi	de, avec (entre deux groupes nominaux)

Grammaire

Nous savons déjà que dans un groupe de deux mots mené par un nom, le deuxième mot modifie le premier nom.

jan pona
une bonne personne

mije sona
un homme de savoir

Si on ajoute un mot à ce groupe nominal, ce troisième mot décrit la somme de tous les mots précédents.

> *{jan pona} mute*
> beaucoup de {bonnes personnes}

> *{mije sona} lili*
> un petit {homme de savoir}

La particule *pi* sert à introduire un deuxième groupe nominal qui décrit le premier groupe nominal.

> *jan pi {pona mute}*
> une personne avec {beaucoup de bonté}

> *mije pi {sona lili}*
> un homme avec {peu de connaissances}

Exemples

1. *tenpo suno ni li pona mute tawa mi.*
   Ce jour est très bon pour moi.

2. *meli lili pi sijelo pona li telo e kasi.*
   La fille en bonne santé arrose les plantes.

3. *mije pi pilin pona li pali e ilo tenpo suno.*
   L'homme heureux construit un cadran solaire.

4. *mama mama mi li lili.*
   Mes grands-parents sont petits.

5. *sina mute li jo ala jo e tomo tawa?*
   Est-ce que vous avez un véhicule ?

6. *o awen lon tenpo pi suli mute.*
   Restez pendant une très longue période de temps.

7. *jan sona pi toki pona li pu lon tenpo mute.*
   Le spécialiste du Toki Pona consulte plusieurs fois le livre officiel.

Traduire

1. Je suis heureuse dans son jardin.

2. La communauté du Toki Pona donne beaucoup de choses.

3. Cocorico !

4. Ce champ de bataille est petit.

5. Des hommes bien bâtis (« au corps fort ») attendaient.

6. Le soleil fait du bien aux plantes.

7. N'utilise pas les mauvais outils.

Les réponses sont à la page 70.

Leçon 12 : nombres

Grammaire

La forme la plus simple du système numérique du Toki Pona n'emploie que cinq adjectifs de base. Les voici avec quelques exemples.

0	*ala*	*kili ala*	pas de mangues
1	*wan*	*mije wan*	un homme
2	*tu*	*tomo tu*	deux appartements
3+	*mute*	*soweli mute*	six blaireaux, plusieurs blaireaux
∞	*ale*	*jan ale*	tout le monde, d'innombrables personnes

Si vous avez besoin d'un système plus complexe et précis pour compter les choses, vous pouvez utiliser ces mots comme particules :

1	*wan*	20	*mute*
2	*tu*	100	*ale*
5	*luka*		

Ajoutez-les un après l'autre.

1	*wan*
2	*tu*
3	*tu wan*
4	*tu tu*
5	*luka*
6	*luka wan*
7	*luka tu*
8	*luka tu wan*
9	*luka tu tu*
10	*luka luka*
13	*luka luka tu wan*
78	*mute mute mute luka luka luka tu wan*
102	*ale tu*

Pour les nombres ordinaux, on ajoute la particule *nanpa* avant le nombre.

toki nanpa wan   *tomo nanpa mute tu wan*
première langue   vingt-troisième maison

Traduire

1. T'es numéro un !

2. Ceci est le quatrième jour.

3. Les deux garçons entretenaient onze plantes.

4. La nouvelle maison du petit guerrier est excellente.

5. Quelle est la cinquième chose ?

6. Je connais quatre langues.

7. Tout le monde l'écoute.

Les réponses sont à la page 70.

Leçon 13 : auxiliaires

Mots

AUXILIAIRES

kama	devenir, arriver à
ken	pouvoir
wile	vouloir, avoir besoin, devoir
lukin	chercher à, essayer
sona	savoir

ADJECTIFS

kama	qui arrive, qui vient

VERBES

lukin	regarder, voir

Grammaire

Chaque phrase a un verbe principal. C'est un verbe ou un autre mot utilisé à sa place, tel qu'un adjectif, un nom ou une préposition. Généralement ce verbe principal est le mot qui vient après la particule *li*.

L'auxiliaire est une sorte de pré-verbe. Il peut être ajouté avant le verbe principal :

NOM + *li* + AUXILIAIRE + VERBE...
jan li wile pali...
La personne veut faire...

Quelques mots sont à la fois des verbes et des auxiliaires. Ils peuvent avoir un sens un peu différent dans les deux cas. Par exemple, comparez les différents sens de *kama* ou de *lukin*. Pour apprendre tous les sens d'un mot, consultez le dictionnaire officiel à la fin de ce livre.

Exemples

1. *ma tomo li kama suli.*
   La ville devient grande.

2. *mi kama sona e toki pona.*
   J'apprends le Toki Pona.

3. *mije wawa li lukin jo e meli pona.*
   L'homme fort cherche une femme bonne.

4. *mi mute li kama awen lon ma tomo Towano.*
   Nous nous sommes installés à Toronto.

5. *jan lili mi o, sina wile moku e kala anu seme?*
   Mes enfants, voulez-vous manger du poisson ?

6. *jan mute li sona ala tawa lon telo.*
   Beaucoup de gens ne savent pas nager.

7. *sina ken ala ken kama?*
   Peux-tu venir ?

Traduire

1. Le fruit s'est gâté.

2. Je veux être dans ma patrie.

3. Le guerrier sait préparer de la bonne bouffe.

4. Le sentier se rétrécit.

5. Les plantes reçoivent de l'eau.

6. Vous pouvez garder votre nom.

7. La santé de la femme s'est améliorée. Youpi !

Les réponses sont à la page 71.

Leçon 14 : couleurs et particule *la*

Mots

ADJECTIFS

jelo	jaune
laso	bleu, vert
loje	rouge
pimeja	noir, foncé
walo	blanc, clair

PARTICULE

la	(entre le contexte et la phrase principale)

Grammaire

La particule *la* est très puissante. Elle nous permet d'établir un rapport entre deux phrases ou de lier un groupe de mots à une phrase.

A la B.
Dans le contexte de A, B.
Si A, alors B.

Les mots après la préposition *lon* peuvent se placer avant la particule *la*. La phrase aura le même sens.

> *ona li kama lon tenpo pimeja ni.*
> Il vient ce soir.

> *tenpo pimeja ni la ona li kama.*
> Ce soir, il vient.

Exemples

1. *mi pona tawa jan, la jan li pona tawa mi.*
   Si je suis gentille avec les gens, les gens seront gentils avec moi.

2. *sina kama lon tomo mi, la mi pana e moku.*
   Lorsque tu viendras chez moi, je servirai de la nourriture.

3. *sina lukin e telo jelo, la o moku ala e ona.*
   Si vous voyez un liquide jaune, ne le buvez pas.

4. *ilo pi laso pimeja li lon tomo walo.*
   L'outil vert foncé est dans la cabane blanche.

5. *suno li loje, la tenpo pona li lon.*
   Quand le soleil est rouge, c'est le bon moment.

6. *tan seme la soweli wawa pimeja li moku e ona?*
   Pourquoi l'ours noir l'a-t-il mangé ?

7. *sewi li wile, la mi pali e ona lon tenpo suno kama.*
   Si Dieu le veut, je le ferai demain.

Traduire

1. Si votre corps est bleu, c'est mauvais signe.

2. Pendant les périodes difficiles, on doit parler à ses amis.

3. En groupe nous sommes forts.

4. Lorsque je lis le livre du Toki Pona, je me sens bien.

5. À quelle heure tes parents viennent-ils ?

6. Si nous n'avons pas de viande, nous mangerons les légumes.

7. Je me sens mal à cause de la grande bataille.

Les réponses sont à la page 71.

Leçon 15 : noms spatiaux

Mots

NOMS

insa	intérieur, dedans, entre ; viscères
monsi	derrière, arrière ; dos
noka	dessous, bas, partie inférieure ; jambe
poka	côté, auprès ; hanche
sewi	dessus, haut, partie supérieure, ciel
sinpin	devant ; visage, poitrine

Grammaire

Les noms spatiaux représentent des lieux. Ils sont souvent utilisés avec la préposition *lon*.

Exemples

1. *mi lon poka sina.*
   Je suis à côté de toi.

2. *noka tomo li wawa.*
   Les fondations du bâtiment sont stables.

3. *jan lili li lon insa pi mama meli.*
   Le bébé est dans l'utérus de la maman.

4. *ilo suli li tawa lon sewi.*
   Une grande machine vole dans le ciel.

5. *kala laso mute li lon noka pi telo suli.*
   Plusieurs mollusques verts sont au fond de l'océan.

6. *tomo sona ni la jan lili li wile kepeken toki Kanse.*
   Dans cette école les enfants doivent utiliser le français.

Traduire

1. De l'eau vient du ciel.

2. Le document est sous le chat.

3. À côté de quoi as-tu mis l'horloge rouge ?

4. Je vois une femme noire devant l'édifice.

5. Protégez votre dos.

6. La lumière côtoie les ténèbres.

Les réponses sont à la page 71.

Leçon 16 : particules et perspective

Mots

anpa   ADJECTIF bas, humble, prosterné

ante   ADJECTIF différent

en   PARTICULE et

lete   ADJECTIF froid

lupa   NOM porte, trou

open   VERBE ouvrir

sama   ADJECTIF même, semblable ; homologue, fraternel

suwi   ADJECTIF doux, sucré

taso   PARTICULE mais ; ADJECTIF seulement

tawa   PRÉPOSITION du point de vue de, selon

Grammaire

Est-ce qu'une chose est réelle de votre point de vue ? La préposition *tawa* peut indiquer une perspective ou une opinion.

Il y a plusieurs façons de traduire « et » :
1. Lier plusieurs sujets avec *en*.
2. Lier plusieurs verbes en répétant *li*.
   (Dans le cas de *mi* et *sina*, on commence une nouvelle phrase.)
3. Lier plusieurs objets directs en répétant le *e*.

Exemples

1. *suwi li pona tawa mi.*
   J'aime les bonbons.

2. *sina en mi li anpa tawa sewi.*
   Toi et moi sommes inférieurs comparés à Dieu.

3. *ma mama li lili li lete.*
   La patrie est petite et froide.

4. *taso mije en meli li pali li pilin pona.*
   Mais les hommes et les femmes travaillent et sont heureux.

5. *meli sama mi li open e lupa nanpa wan e lupa nanpa tu.*
   Ma sœur a ouvert la première porte et la deuxième porte.

6. *tomo sina taso li pimeja.*
   Seule ta maison est noire.

Leçon 17 : aventure de chasse

Mots

alasa	VERBE	chasser, cueillir
lawa	NOM	tête
len	NOM	vêtement
linja	NOM	corde, objet long et flexible
pakala	ADJECTIF	brisé, cassé
palisa	NOM	bâton, objet long et dur
pipi	NOM	insecte
waso	NOM	oiseau
weka	ADJECTIF	absent, au loin, enlevé

Grammaire

Parfois on doit simplifier une idée et la composer en deux phrases.

mi wile e ni: jan Melani li kama tawa tomo mi.
Je veux ceci : Mélanie viendra à ma maison.
Je veux que Mélanie vienne chez moi.

Histoire

mama sama Mawijo li jo e tomo lili lon ma kasi. ona li wile alasa li kama jo e ilo alasa e len loje. tenpo suno nanpa wan la ona li lukin e waso laso taso. waso li moku e pipi lili.

tenpo suno nanpa tu la ona li kute e mu wawa. jan Mawijo li awen. ona li lukin e soweli suli. lawa soweli li jo e palisa. jan Mawijo li kepeken ilo alasa, taso linja li pakala. soweli suli li tawa weka.

Oncle Mawijo a une petite cabane dans les bois. Il veut aller à la chasse et il se procure un arc et un gilet orange. Le premier jour il voit seulement un oiseau bleu. L'oiseau mange des petits insectes.

Le deuxième jour il entend le cri puissant d'un animal. Mawijo attend. Il voit un grand orignal. La tête de la bête a des cornes. Mawijo se sert de l'arc, mais la corde se casse. L'orignal s'enfuit.

Leçon 18 : aventure de cuisine

Mots

lape	VERBE	dormir
olin	VERBE	aimer
pan	NOM	céréale
pini	ADJECTIF	fini, passé
seli	NOM	fieu
supa	NOM	surface horizontale
uta	NOM	bouche

Grammaire

On peut convertir un nom en verbe.

telo
NOM   de l'eau
VERBE   utiliser de l'eau sur : laver, arroser

seli
NOM   du feu
VERBE   soumettre au feu : cuire

Histoire

jan Mawijo li jo e meli olin. nimi ona li Sili. jan Sili li lape lili lon supa. tenpo suno pini la jan Sili li pona e tomo, li telo e len. jan Mawijo li kama lon tenpo seme?

kalama a! tenpo ni la jan Mawijo li kama lon lupa, li jo e soweli lili tu. jan Sili li pilin pona, li uta e jan Mawijo. ona li seli e soweli e pan.

moku pona!

Mawijo a une femme bien-aimée. Son nom est Sili. Sili fait un petit somme sur le divan. Hier Sili a mis de l'ordre dans la maison et a lavé les vêtements. Quand est-ce que Mawijo va venir ?

Un bruit ! Tout à coup, Mawijo arrive à la porte en tenant deux lièvres. Sili se réjouit et donne un baiser à Mawijo. Elle fait cuire les lièvres et du riz.

Bon appétit!

Leçon 19 : la frontière

Après ces leçons, vous connaissez désormais les règles de base du Toki Pona.

Les textes dans la deuxième partie de ce livre fournissent plus d'exemples. Vous pouvez trouver le dictionnaire officiel du Toki Pona à la page 130. Il contient tous les mots et leurs différents sens.

Dorénavant la suite vous appartient. Amusez-vous. Créez, jouez et soyez *pona* !

Réponses

Leçon 1

1. l'assaut 2. l'été 3. aller 4. tanne 5. millet
6. conne 7. c'est oui 8. laine

Leçon 2

1. *ijo li ijo.* 2. *ni li lipu.* 3. *meli li jan.* 4. *jan li ijo.*
5. *soweli li meli.* 6. *kili li ijo.* 7. *ni li lipu.*

Leçon 3

1. *soweli meli li pona.* 2. *ni li jan pona.* 3. *tomo telo li lili.*
4. *ni li soweli lili.* 5. *jan lili li meli.* 6. *lipu suli li pona.*
7. *kili li kili telo.*

Leçon 4

1. *sina wawa.* 2. *ni li kili mi.* 3. *telo sin li ijo pona.*
4. *tomo lipu li sin.* 5. *kulupu mi li suli.* 6. *mije mi li wawa.*
7. *sina meli suli.*

Leçon 5

1. mi kute e sina. 2. kili li jo e telo. 3. kulupu li pali e tomo moku. 4. jan pali li jo e sona lili. 5. jan pona li moku e soweli. 6. meli li kute e mije. 7. kulupu lili li jo e toki sin.

Leçon 6

1. wan li pona. 2. mi kute e telo suli. 3. mi sona lili e toki pona. 4. lipu sewi li jo e sona. 5. kulupu suli li wan. 6. mije li moku ala e kili ike. 7. moku li suli e mi.

Leçon 7

1. sina jo e ilo seme? 2. ona li kute ala kute? ona li kute anu seme? 3. kulupu wan li pu ala pu? kulupu wan li pu anu seme? 4. mi pali e seme? mi mute li pali e seme? 5. kala li moku ala moku e telo? kala li moku e telo anu seme? 6. ilo moku li lili ala lili? ilo moku li lili anu seme? 7. mi kute e mije anu meli.

Leçon 8

1. mi kepeken toki pona. 2. ona li pana e ijo tan tomo ona. 3. kili li ike ala. 4. jan pali li kepeken ilo. 5. mi lon. 6. jan toki li pana e sona tawa jan kute. 7. sina pali e ona tan seme?

Leçon 9

1. jan Sulu li utala e jan ike.   2. sina tan ala tan ma Tosi?
sina tan ma Tosi anu seme?   3. ma Sonko li suli mute.
4. telo Sisikaka li lon ma Pelu.   5. kulupu Apika li kepeken toki
mute.   6. mi tawa ma Kanse.   7. nimi sina li seme?

Leçon 10

1. jan Lisa li pilin pona.   2. a a a!   3. mu!   4. o pana e ilo tawa
mi.   5. o tawa tomo sina.   6. ma Kanata li jo e kala mute a!
7. jan Ali o wawa.

Leçon 11

1. mi pilin pona lon ma kasi ona.   2. kulupu pi toki pana li pona
e ijo mute.   3. mu!   4. ma utala ni li lili.   5. mije pi sijelo wawa
li awen.   6. suno li pali e pona tawa kasi. suno li pana e pona tawa
kasi.   7. o kepeken ala ilo ike.

Leçon 12

1. sina nanpa wan!   2. ni li tenpo suno nanpa tu tu.
3. mije lili tu li awen e kasi mute. mije lili tu li awen e kasi luka
luka wan.   4. tomo sin pi jan utala lili li pona mute.   5. ijo
nanpa luka li seme?   6. mi sona e toki mute. mi sona e toki tu
tu.   7. jan ale li kute e ona.

Leçon 13

1. kili li kama ike.   2. mi wile lon ma mama mi.   3. jan utala li sona pali e moku pona.   4. nasin li kama lili.   5. kasi li kama jo e telo.   6. sina ken awen e nimi sina.   7. sijelo meli li kama pona a!

Leçon 14

1. sijelo sina li laso, la ni li ike.   2. tenpo ike la jan li wile toki tawa jan pona.   3. kulupu la mi wawa.   4. mi pu, la mi pilin pona.   5. tenpo seme la mama sina li kama? mama sina li kama lon tenpo seme?   6. mi jo ala e soweli, la mi moku e kili.   7. mi pilin ike tan utala suli.

Leçon 15

1. telo li kama tan sewi.   2. lipu li lon noka soweli.   3. sina pana e ilo tenpo loje lon poka seme?   4. mi lukin e meli pimeja lon sinpin tomo.   5. o awen e monsi sina.   6. suno li lon poka pimeja.

Deuxième Partie
Textes

Bandes dessinées par Russ Williams

Proverbes du Toki Pona

Les traductions ne sont pas littérales. Elles reflètent l'esprit de la langue. La calligraphie non linéaire appelée *sitelen sitelen* est la création de Jonathan Gabel.

ale li jo e tenpo.
Tout a son temps.

ale li pona.
Tout ira bien.
La vie est belle.

toki pona li toki pona.
Le Toki Pona est une bonne langue.

ante li kama.
Le changement vient.
Les temps changent.

ike li kama.
Les mauvaises choses
arrivent.

jan li suli mute.
mani li suli lili.
Les êtres humains sont plus
importants que l'argent.

jan sona li jan nasa.
Un sage est un fou.
Le génie ne se conforme
pas.

lupa meli li mama pi ijo ale.
La matrice de la femme est
créatrice de toutes choses.

mi pona e ale mi,
la mi pona e mi.
Lorsque j'améliore toutes
les parties de ma vie, je
m'aide moi-même.

nasin pona li mute.
Les bonnes voies sont
nombreuses. Il y a plusieurs
manières correctes de faire
les choses. Tous les chemins
mènent à Rome.

o olin e jan poka.
Aime ton prochain.

o sona e sina.
Connais-toi toi-même.

pali li pana e sona.
L'action donne le savoir. On
apprend par expérience.

pilin pona li pana e sijelo pona.
La pensée positive apporte
la bonne santé.

sina pana e ike,
la sina kama jo e ike.
Si tu répands le mal, tu
recevras le mal.

wawa li lon insa.
L'énergie est à l'intérieur.

weka lili li pona tawa lawa.
L'isolement temporaire est
bon pour la tête.
Il est bon pour l'esprit de se
retirer momentanément de
quelque chose.

wile sona li mute e sona.
La curiosité accroît la
sagesse.
On apprend en posant des
questions.

jan lili li sona ala e ike.
Les enfants ne connaissent
pas le mal.

meli li nasa e mije.
Les femmes rendront les
hommes fous.

mi weka e ike jan,
la mi weka e ike mi.
Lorsque j'efface les fautes
de quelqu'un, je me purifie
de la négativité.

nasin ante li pona
tawa jan ante.
Différentes méthodes sont
bonnes pour différentes
personnes.

telo li pona.
L'eau est salutaire.

lape li pona.
Le sommeil est bon.

toki li pona.
La communication
fait du bien.

o pana e pona tawa ma.
Faites du bien
à la planète Terre.

utala li ike.
Se battre est nuisible.

Citations

1. *o weka e nimi ike.*
   Omettez les mots superflus. (William Strunk)

2. *sina sona e toki wan taso, la sina sona ala e toki ni.*
   Quelqu'un qui ne parle aucune langue étrangère ne connaît rien de la sienne. (Goethe)

3. *toki sina en pali sina li sama, la sina pilin pona.*
   Le bonheur, c'est lorsque vos actes sont en accord avec vos paroles. (Mahatma Gandhi)

4. *sewi li lon ala, li lon ale.*
   Dieu est le point tangent de zéro et de l'infini. (Alfred Jarry)

5. *sina wile ante e ale, la o ante e sina.*
   Soyez le changement que vous voudriez pour le monde. (Mahatma Gandhi)

6. *wile sona nanpa wan li ni: ale li pona anu ike?*
   La question la plus importante est : « L'univers est-il un lieu amical ou hostile ? » (Albert Einstein)

7. *sona pona li ni: o weka e ike.*
   La bonne sagesse consiste à éliminer ce qui n'est pas essentiel. (Lin Yutang)

8. *nasin pona li pona nanpa wan.*

   La simplicité est la sophistication ultime. (Léonard de Vinci)

9. *sina ken ala toki e ijo lon toki pona, la sina sona pona ala e ona.*

   Si vous ne pouvez expliquer un concept en peu de mots,

   c'est que vous ne le comprenez pas bien. (Albert Einstein)

La Torah

Les juifs, les chrétiens, les musulmans et les bahaïs croient que Dieu a révélé la Torah au prophète Moïse *(que la paix soit sur lui)*.

שְׁמַע יִשְׂרָאֵל יהוה אֱלֹהֵינוּ יהוה אֶחָד

Shema Yiśera'el YHWH Eloheynu YHWH eḥad

kulupu Isale o kute e ni.
sewi li sewi mi.
sewi li wan.

Écoute, Israël :
L'Éternel est notre Dieu.
L'Éternel est Un.

L'Évangile

Matthieu 26:39

Jésus *(que la paix soit sur lui)* adorait Dieu en se prosternant au sol.

καὶ προελθὼν μικρὸν ἔπεσεν ἐπὶ πρόσωπον αὐτοῦ προσευχόμενος καὶ λέγων, Πάτερ μου εἰ δυνατόν ἐστιν παρελθέτω ἀπ' ἐμοῦ τὸ ποτήριον τοῦτο· πλὴν οὐχ ὡς ἐγὼ θέλω ἀλλ' ὡς σύ.

jan Isa li tawa lili, li kama anpa, li toki e ni tawa sewi: "mama mi o! ken la o weka e pilin ike mi. wile mi o lon ala. taso wile sina o lon."

Puis, ayant fait quelques pas en avant, [Jésus] se jeta sur sa face, et pria ainsi: « Mon Père, s'il est possible, que cette coupe [de souffrance] s'éloigne de moi ! Toutefois, non pas ce que je veux, mais ce que Tu veux. »

Luc 18:18–19

Καὶ ἐπηρώτησέν τις αὐτὸν ἄρχων λέγων, Διδάσκαλε ἀγαθέ τί ποιήσας ζωὴν αἰώνιον κληρονομήσω; εἶπεν δὲ αὐτῷ ὁ Ἰησοῦς Τί με λέγεις ἀγαθόν οὐδεὶς ἀγαθὸς εἰ μὴ εἷς ὁ θεός.

jan lawa li wile sona e ni tan jan Isa: "jan sona pona o! mi pali e seme, la mi kama lon tenpo sewi?"

jan Isa li toki e ni: "tan seme la sina pana e nimi pona tawa mi? jan ala li pona. sewi wan taso li pona."

Un chef interrogea Jésus, et dit : « Bon maître, que dois-je faire pour hériter la vie éternelle? »

Jésus lui répondit : « Pourquoi m'appelles-tu bon? Il n'y a de bon que Dieu seul. »

Le Coran

Littéralement *al-Qur'ān* signifie « le Récital » *(kalama sewi)*. Le texte sacré se donne aussi d'autres noms : le Livre, le Guide et le Rappel.

Chapitre de la sincérité

La sourate *al-Ikhlāṣ*, qui représente un tiers du Coran, offre une définition simple de Dieu :

قُلْ هُوَ اللَّهُ أَحَدٌ

اللَّهُ الصَّمَدُ

لَمْ يَلِدْ وَلَمْ يُولَدْ

وَلَمْ يَكُن لَّهُ كُفُوًا أَحَدٌ

qul huwa Allāhu aḥad
Allāhu ṣ-ṣamad
lam yalid wa-lam yūlad
wa-lam yakun lahu kufuwan
aḥad

o toki e ni: "sewi li wan.
sewi li wawa ale.
ona li mama ala, li jo ala e mama.
ijo ala li sama ona."

Dis : « Dieu est Un !
Dieu est le Soutien universel !
N'engendre pas et n'est pas engendré,
[Dieu] n'a pas d'égal. »

Chapitre des fourmis

Dans la sourate *al-Naml*, un oiseau informe à Salomon *(que la paix soit sur lui)* au sujet de la reine de Saba. On peut traduire ce paragraphe entier par un seul mot en Toki Pona :

أَحَطتُ بِمَا لَمْ تُحِطْ بِهِ وَجِئْتُكَ مِن سَبَإٍ بِنَبَإٍ يَقِينٍ

إِنِّي وَجَدتُّ امْرَأَةً تَمْلِكُهُمْ وَأُوتِيَتْ مِن كُلِّ شَيْءٍ وَلَهَا عَرْشٌ عَظِيمٌ

وَجَدتُّهَا وَقَوْمَهَا يَسْجُدُونَ لِلشَّمْسِ مِن دُونِ اللَّهِ وَزَيَّنَ لَهُمُ الشَّيْطَانُ

أَعْمَالَهُمْ فَصَدَّهُمْ عَنِ السَّبِيلِ فَهُمْ لَا يَهْتَدُونَ

أَلَّا يَسْجُدُوا لِلَّهِ الَّذِي يُخْرِجُ الْخَبْءَ فِي السَّمَاوَاتِ وَالْأَرْضِ وَيَعْلَمُ مَا

تُخْفُونَ وَمَا تُعْلِنُونَ

اللَّهُ لَا إِلَهَ إِلَّا هُوَ رَبُّ الْعَرْشِ الْعَظِيمِ ۩

mu!

Je viens d'apprendre des choses que tu ne connaissais pas et je t'apporte un renseignement sûr au sujet du peuple de Saba. J'ai découvert que c'est une femme disposant de grandes ressources et ayant un magnifique trône qui règne sur eux ; et j'ai découvert qu'elle et son peuple adorent le Soleil au lieu d'adorer Dieu, car le Malin a embelli leurs actions à leurs yeux et les a détournés du droit chemin, en sorte qu'ils errent sans direction. Que ne se prosternent-ils devant Dieu qui dévoile les secrets des Cieux et de la Terre ; qui sait ce que vous dissimulez et ce que vous divulguez ? Dieu en dehors de qui il n'y a point de divinité, le Maître du Trône sublime !

Les écrits de Bahá'u'lláh

Les bahaïs croient à l'unité des religions du monde. Les êtres éclairés telles qu'Adam, Noé, Abraham, Krishna, Zoroastre, Moïse, Bouddha, Jésus, Mahomet et Bahá'u'lláh *(que la paix soit sur eux)* furent inspirés par la même Source.

Kitáb al-Aqdas

لا تحسبنّ انّا نزّلنا لكم الاحكام بل
فتحنا ختم الرّحيق المختوم باصابع
القدرة والاقتدار
يشهد بذلك ما نزّل من قلم الوحي
تفكّروا يا اولي الافكار

lā taḥsabanna annā
nazzalnā lakumu l-aḥkāma.
bal fataḥanā khatim ar-
raḥīqi l-makhtūm bi-aṣābiʿi
l-qudrati wa-l-iqtidār.
yash'hadu bi-dhālika mā
nuzzila min qalami l-waḥy.
tafakkarū yā ūlī l-āfkār.

Ne croyez pas que Nous vous avons révélé un simple code de lois. Nous avons plutôt décacheté, avec les doigts de la force et du pouvoir, le vin de choix. De ceci porte témoignage ce qu'a dévoilé la plume de la révélation. Méditez cela, ô hommes à la vue pénétrante.

o pilin ala e ni: sewi li pana
e nasin lawa taso.
a! sewi li open e telo suwi
kepeken luka wawa.
ilo sitelen pi toki sewi li
wawa e ni.
jan sona o kepeken sona a!

La courte prière prescrite

Tous les jours, à midi, le bahaï se lave les mains et le visage, se place debout en se tournant vers le point d'adoration et récite cette courte prière :

اشهد يا الهي بانّك خلقني
لعرفانك وعبادتك

اشهد في هٰذا الحين بعجزي
وقوّتك وضعفي واقتدارك
وفقري وغنائك

لا اله الّا انت المهيمن القيّوم

ash'hadu yā ilāhī bi-annaka khalaqtanī li-ʿirfānika wa-ʿibādatika.
ash'hadu fī hādhā l-ḥīn bi-ʿajzī wa-qūwatika wa-ḍaʿafī wa-iqtadārika wa-faqrī wa-ghanāʾika.
lā ilāha illa anta l-muhayminu l-qayyūm.

Je suis témoin, ô mon Dieu,
Que Tu m'as créé pour Te connaître et T'adorer.
J'atteste, en cet instant, mon impuissance et Ton pouvoir, ma pauvreté et Ta richesse.
Il n'y a pas d'autre Dieu que Toi, le Secours dans le péril, Celui qui subsiste par Lui-même.

sewi mi o! mi toki wawa e ni:
sina pali e mi tawa seme?
mi o sona e sina. mi o olin e sina.
tenpo ni la mi sona e ni:
mi anpa. sina wawa.
mi jo lili. sina jo mute.
sina sewi wan.
sina awen e ale.
lon la sina lon.

Troisième Partie
Dictionnaires

Langue des signes

Le Toki Pona signé *(toki pona luka)* est une version silencieuse du Toki Pona en employant des gestes manuels. Cela peut être utile, par exemple :

- dans une bibliothèque tranquille ou un lieu de culte,
- pendant les opérations clandestines des ninjas,
- en plongée pour chasser les trésors sous-marins ou
- pour taquiner nos amis les espérantistes avec des signes de gang.

Chaque mot et chaque lettre a son propre signe. Pour former une phrase, il faut exécuter les signes l'un après l'autre dans le même ordre et selon la même grammaire que vous avez déjà apprise.

Les éléments d'un signe

On peut décrire chaque signe par quatre éléments :

1. la configuration de la main
2. le positionnement sur le corps
3. l'orientation de la paume
4. si le signe est fait avec une main ou les deux mains

Les configurations de la main

La main peut prendre neuf formes de base dans le Toki Pona signé.
Elles sont exécutées par la main droite.

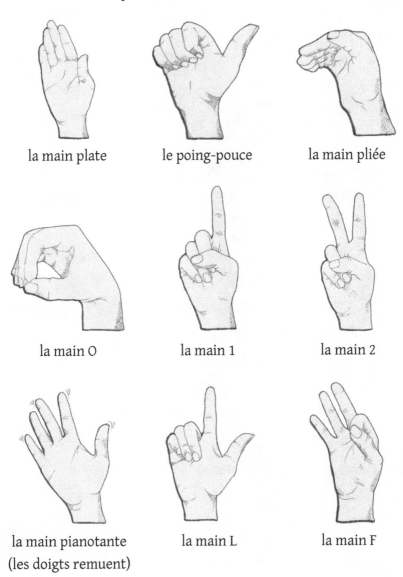

la main plate   le poing-pouce   la main pliée

la main O   la main 1   la main 2

la main pianotante   la main L   la main F
(les doigts remuent)

Les positionnements

Pour chacun des signes, la main droite se place à un endroit particulier.

1. devant la poitrine
2. à côté du front
3. à côté du menton
4. à l'épaule gauche
5. au coude gauche
6. sur le poing gauche
7. au ventre
8. sous l'avant-bras gauche incliné (voir exemple à la page 100)

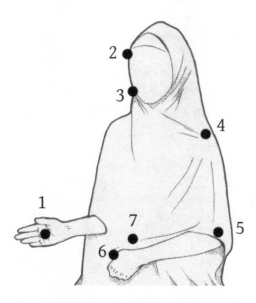

Les orientations

Pour la majorité des signes, la paume de la main droite doit faire face à une direction précise. Dans le cas de quelques signes, c'est l'orientation d'un doigt qui est précisé.

1. vers la gauche
2. vers le haut
3. vers le bas
4. vers l'avant
5. vers l'arrière

Une main ou deux mains

Par défaut, on effectue un signe en plaçant la main droite d'après la forme, le positionnement et l'orientation déterminés.

Si un signe exige « deux mains », alors on place la main droite comme d'habitude et on effectue le même geste symétriquement avec la main gauche. (Voir l'exemple de *tomo* à la page suivante.)

Exemples

kasi
la main F sur le poing gauche, la paume vers le bas

o (lettre)
la main O sous l'avant-bras gauche incliné, la paume vers le bas

la
la main pliée devant la poitrine, la paume vers la gauche

tomo
la main pliée devant la poitrine, la paume vers la gauche (deux mains)

suli
la main 2 à côté du front,
la paume vers l'avant

Description des signes

a	la main plate à côté du menton, la paume vers la gauche
akesi	la main 2 au coude gauche, la paume vers l'arrière
ala	la main plate à l'épaule gauche, la paume vers le bas
alasa	la main 1 à l'épaule gauche, la paume vers l'arrière
ale	la main pianotante devant la poitrine, la paume vers l'avant (deux mains)
anpa	la main pliée devant la poitrine, la paume vers le bas
ante	la main pliée sur le poing gauche, la paume vers la gauche
anu	la main L devant la poitrine, la paume vers le bas
awen	la main L à l'épaule gauche, la paume vers l'arrière
e	la main plate devant la poitrine, la paume vers le bas
en	la main L sur le poing gauche, la paume vers le bas
esun	la main pliée devant la poitrine, la paume vers le haut (deux mains)
ijo	le poing-pouce devant la poitrine, la paume vers le bas, le pouce pointant vers la gauche
ike	le poing-pouce devant la poitrine, la paume vers l'avant
ilo	le poing-pouce sur le poing gauche, la paume vers le haut
insa	la main L au ventre, la paume vers l'arrière
jaki	le poing-pouce à côté du menton, la paume vers l'avant
jan	la main 2 à l'épaule gauche, la paume vers l'arrière
jelo	la main F au ventre, la paume vers le bas
jo	la main pliée sur le poing gauche, la paume vers le haut
kala	la main plate au coude gauche, la paume vers l'arrière

kalama	la main pianotante à côté du menton, la paume vers la gauche
kama	la main pliée devant la poitrine, la paume vers l'arrière
kasi	la main F sur le poing gauche, la paume vers le bas
ken	le poing-pouce à l'épaule gauche, la paume vers l'arrière
kepeken	la main L sur le poing gauche, la paume vers la gauche
kili	le poing-pouce à côté du menton, la paume vers la gauche
kiwen	le poing-pouce sur le poing gauche, la paume vers le bas
ko	la main pliée au ventre, la paume vers le bas
kon	la main pianotante devant la poitrine, la paume vers la gauche
kule	la main F devant la poitrine, la paume vers la gauche
kulupu	la main 2 à l'épaule gauche, la paume vers le bas
kute	le poing-pouce à côté du front, la paume vers la gauche
la	la main pliée devant la poitrine, la paume vers la gauche
lape	la main plate à côté du front, la paume vers la gauche
laso	la main F au coude gauche, la paume vers le bas
lawa	la main plate à côté du front, la paume vers l'avant
len	la main pliée à l'épaule gauche, la paume vers l'arrière
lete	la main pianotante au coude gauche, la paume vers le bas
li	la main plate devant la poitrine, la paume vers la gauche
lili	la main 2 à côté du menton, la paume vers l'avant
linja	la main 1 à côté du front, la paume vers la gauche
lipu	la main plate sur le poing gauche, la paume vers le haut

loje	la main F à côté du menton, la paume vers la gauche
lon	la main 1 sur le poing gauche, la paume vers le bas
luka	la main plate devant la poitrine, la paume vers l'avant
lukin	la main 2 devant la poitrine, la paume vers le bas
lupa	la main O devant la poitrine, la paume vers la gauche
ma	la main plate devant la poitrine, la paume vers le bas (deux mains)
mama	la main 2 au ventre, la paume vers le bas
mani	le poing-pouce au coude gauche, la paume vers l'arrière
meli	la main 2 au ventre, la paume vers l'arrière
mi	le poing-pouce devant la poitrine, la paume vers le bas, pouce pointant vers l'arrière
mije	la main 2 sur le poing gauche, la paume vers la gauche
moku	la main O à côté du menton, la paume vers l'arrière
moli	la main L à côté du front, la paume vers l'arrière
monsi	la main L devant la poitrine, la paume vers l'avant
mu	la main pianotante à côté du menton, la paume vers le bas
mun	la main O à côté du front, la paume vers la gauche
musi	la main pianotante à côté du front, la paume vers la gauche
mute	la main plate devant la poitrine, la paume vers l'avant (deux mains)
nanpa	la main 2 devant la poitrine, la paume vers l'arrière
nasa	le poing-pouce à côté du front, la paume vers l'avant
nasin	la main plate devant la poitrine, la paume vers la gauche (deux mains)
nena	la main pliée sur le poing gauche, la paume vers le bas
ni	la main L à côté du menton, la paume vers l'arrière

104

nimi	rien sous l'avant-bras gauche incliné
noka	la main plate devant la poitrine, la paume vers l'arrière
o	la main pianotante devant la poitrine, la paume vers le bas
olin	la main pianotante au ventre, la paume vers l'arrière
ona	la main 1 devant la poitrine, l'index pointant vers la gauche
open	la main O à l'épaule gauche, la paume vers le bas
pakala	le poing-pouce sur le poing gauche, la paume vers l'avant
pali	le poing-pouce sur le poing gauche, la paume vers la gauche
palisa	la main O sur le poing gauche, la paume vers la gauche
pan	la main F à côté du menton, la paume vers l'arrière
pana	la main pianotante devant la poitrine, la paume vers le haut
pi	la main O devant la poitrine, la paume vers l'avant
pilin	la main F au ventre, la paume vers l'arrière
pimeja	la main F à l'épaule gauche, la paume vers le bas
pini	la main O à l'épaule gauche, la paume vers le haut
pipi	la main 1 au coude gauche, la paume vers l'arrière
poka	la main L au coude gauche, la paume vers l'arrière
poki	la main O devant la poitrine, la paume vers le bas
pona	le poing-pouce devant la poitrine, la paume vers la gauche, le pouce pointant vers le haut
pu	la main pianotante sur le poing gauche, la paume vers le haut
sama	le poing-pouce devant la poitrine, la paume vers le bas (deux mains)

seli	la main pianotante à l'épaule gauche, la paume vers le bas
selo	la main F au coude gauche, la paume vers l'arrière
seme	la main plate devant la poitrine, la paume vers le haut
sewi	la main 1 devant la poitrine, la paume vers la gauche, l'index pointant vers le haut
sijelo	la main plate au ventre, la paume vers l'arrière
sike	la main O sur le poing gauche, la paume vers le bas
sin	la main pianotante sur le poing gauche, la paume vers la gauche
sina	la main 1 devant la poitrine, l'index pointant vers l'avant
sinpin	la main L devant la poitrine, la paume vers l'arrière (deux mains)
sitelen	la main F devant la poitrine, la paume vers la gauche (deux mains)
sona	la main pliée à côté du front, la paume vers la gauche
soweli	la main plate au coude gauche, la paume vers le bas
suli	la main 2 à côté du front, la paume vers l'avant
suno	la main pliée à côté du front, la paume vers l'avant
supa	la main plate devant la poitrine, la paume vers le haut (deux mains)
suwi	la main 2 à côté du menton, la paume vers la gauche
tan	la main pliée au coude gauche, la paume vers l'arrière
taso	la main L devant la poitrine, la paume vers le bas (deux mains)
tawa	la main pliée devant la poitrine, la paume vers l'avant
telo	la main pianotante devant la poitrine, la paume vers le bas (deux mains)

tenpo	la main F sur le poing gauche, la paume vers la gauche
toki	la main pliée à côté du menton, la paume vers la gauche
tomo	la main pliée devant la poitrine, la paume vers la gauche (deux mains)
tu	la main 2 devant la poitrine, la paume vers l'avant
unpa	la main 2 sur le poing gauche, la paume vers le bas
uta	la main 1 à côté du menton, la paume vers l'arrière
utala	le poing-pouce à l'épaule gauche, la paume vers l'avant
walo	la main F à côté du front, la paume vers le bas
wan	la main 1 devant la poitrine, la paume vers l'avant, index pointant vers le haut
waso	la main O à côté du menton, la paume vers l'avant
wawa	le poing-pouce au ventre, la paume vers l'arrière
weka	la main O au coude gauche, la paume vers le bas
wile	la main O au ventre, la paume vers le haut

L'alphabet

Pour épeler un nom propre, utilisez ces lettres. Tous les signes de lettres sont exécutés sous l'avant-bras gauche incliné.

a	le poing-pouce, la paume vers l'arrière
e	la main plate, la paume vers l'arrière
i et *j*	la main 1, la paume vers le bas
k	la main pliée, la paume vers le bas
l	la main L, la paume vers l'arrière
m	la main pianotante, la paume vers l'arrière
n	la main pianotante, la paume vers le bas
o	la main O, la paume vers le bas
p	la main F, la paume vers le bas
s	le poing-pouce, la paume vers le bas
t	la main plate, la paume vers le bas
u et *w*	la main 2, la paume vers l'arrière

Hiéroglyphes

Les lettres de l'alphabet latin (présentées à la leçon 1) sont la façon la plus pratique et la plus courante d'écrire en Toki Pona. Il y a aussi le système décoratif *sitelen sitelen* inventé par Jonathan Gabel (présenté à la page 76).

Cette section présente un système hiéroglyphique simple nommé *sitelen pona*. Chaque mot du Toki Pona est représenté par un logogramme ou symbole unique.

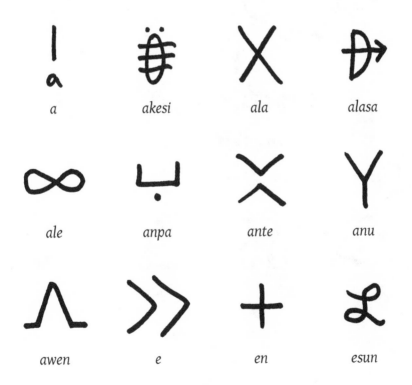

a	*akesi*	*ala*	*alasa*
ale	*anpa*	*ante*	*anu*
awen	*e*	*en*	*esun*

ijo	*ike*	*ilo*	*insa*
jaki	*jan*	*jelo*	*jo*
kala	*kalama*	*kama*	*kasi*
ken	*kepeken*	*kili*	*kiwen*
ko	*kon*	*kule*	*kulupu*

kute   la   lape   laso

lawa   len   lete   li

lili   linja   lipu   loje

lon   luka   lukin   lupa

ma   mama   mani   meli

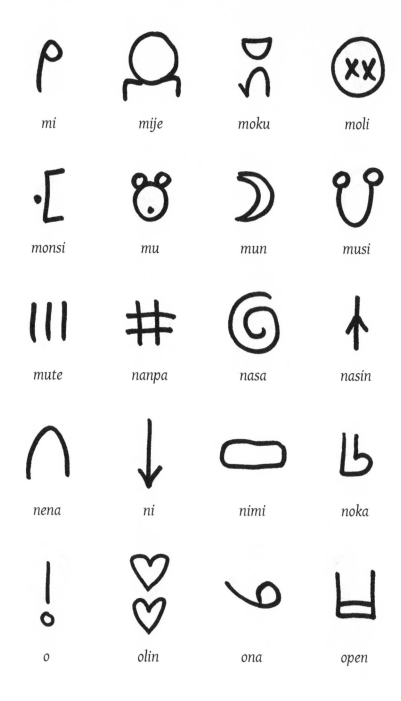

mi	*mije*	*moku*	*moli*
monsi	*mu*	*mun*	*musi*
mute	*nanpa*	*nasa*	*nasin*
nena	*ni*	*nimi*	*noka*
o	*olin*	*ona*	*open*

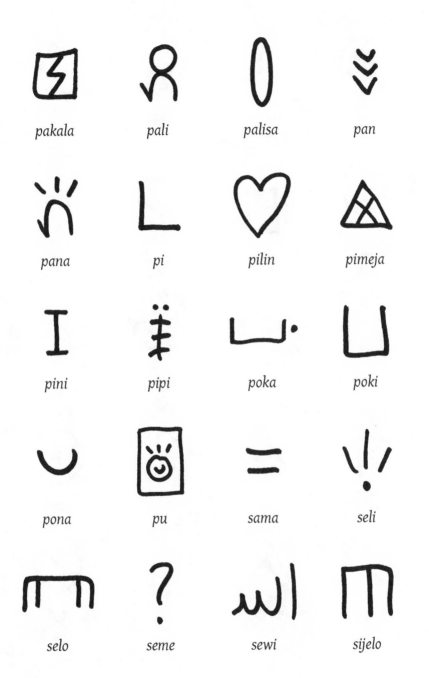

pakala

pali

palisa

pan

pana

pi

pilin

pimeja

pini

pipi

poka

poki

pona

pu

sama

seli

selo

seme

sewi

sijelo

sike	*sin*	*sina*	*sinpin*
sitelen	*sona*	*soweli*	*suli*
suno	*supa*	*suwi*	*tan*
taso	*tawa*	*telo*	*tenpo*
toki	*tomo*	*tu*	*unpa*

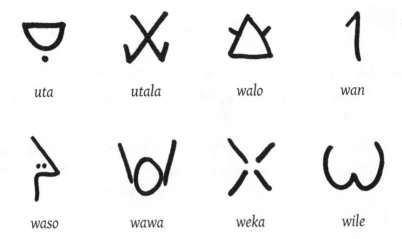

uta	utala	walo	wan
waso	wawa	weka	wile

Glyphes combinés

Un adjectif solitaire peut être écrit à l'intérieur ou au-dessus du mot qu'il modifie.

pilin ike	telo lete	kala lili	toki pona

Noms propres

Les noms propres sont écrits dans un cartouche. À l'intérieur de cette forme ovale, chaque symbole ne représente que la première lettre du mot en question.

Quand vous écrivez des noms propres, votre créativité est libre de choisir les symboles que vous jugez appropriés. Par exemple, pour écrire la lettre *w* dans votre nom, vous avez l'option de choisir *waso* si vous aimez les oiseaux ou encore *wawa* si vous tenez à votre force.

Cette phrase démontre une manière d'épeler le Canada :

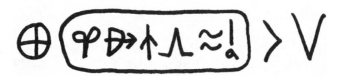

ma Kanata li suli
Le Canada est grand.

Noms de lieux

Les suggestions ci-dessous sont pour la plupart basées sur la prononciation locale des mots.

Les continents

On peut aussi appeler un continent *ma suli*.

ma Amelika	les Amériques
ma Antasika	l'Antarctique
ma Apika	l'Afrique
ma Asija	l'Asie
ma Elopa	l'Europe
ma Osejanija	l'Océanie

L'Afrique

ma Ankola	l'Angola
ma Eliteja	l'Érythrée
ma Isijopija	l'Éthiopie
ma Kamelun	le Cameroun
ma Kana	la Ghana
ma Kanpija	la Gambie
ma Kapon	le Gabon
ma Kenja	le Kenya
ma Kine	la Guinée

ma Kinejekatolija	la Guinée équatoriale
ma Kinepisa	la Guinée-Bissau
ma Komo	les Comores
ma Konko	le Congo
ma Kosiwa	la Côte d'Ivoire
ma Lapewija	le Liberia
ma Lesoto	le Lesotho
ma Lipija	la Libye
ma Luwanta	le Rwanda
ma Malakasi	le Madagascar
ma Malawi	le Malawi
ma Mali	le Mali
ma Malipe	le Maroc
ma Masu	l'Égypte
ma Mosanpi	le Mozambique
ma Mowisi	Maurice
ma Mulitanija	la Mauritanie
ma Namipija	le Namibie
ma Naselija	le Nigéria
ma Nise	le Niger
ma Penen	le Bénin
ma Posuwana	le Botswana
ma Pukinapaso	le Burkina Faso
ma Sanpija	la Zambie
ma Santapiken	la République centrafricaine
ma Sasali	l'Algérie
ma Sate	le Tchad
ma Sawasi	le Swaziland
ma Seneka	le Sénégal

ma Setapika	l'Afrique du Sud
ma Sijelalijon	la Sierra Leone
ma Sinpapuwe	le Zimbabwe
ma Sipusi	le Djibouti
ma Somalija	la Somalie
ma Sutan	le Soudan
ma Tansanija	la Tanzanie
ma Toko	le Togo
ma Tunisi	la Tunisie
ma Ukanta	l'Ouganda

Les Amériques

ma Alensina	l'Argentine
ma Awisi	Haïti
ma Ekato	l'Équateur
ma Kalalinuna	le Groenland
ma Kanata	le Canada
ma Katemala	le Guatemala
ma Kenata	la Grenade
ma Kosalika	le Costa Rica
ma Kupa	Cuba
ma Mesiko	le Mexique
ma Mewika	les États-Unis
ma Ontula	le Honduras
ma Palakawi	le Paraguay
ma Panama	le Panama
ma Papeto	la Barbade

ma Pasila	le Brésil
ma Pawama	les Bahamas
ma Pelu	le Pérou
ma Pemuta	les Bermudes
ma Penesuwela	le Venezuela
ma Sameka	la Jamaïque
ma Sile	le Chili
ma Sinita	la Trinité-et-Tobago
ma Tominika	la Dominique
ma Ulukawi	l'Uruguay

L'Asie

ma Aja	l'Arménie
ma Akanisan	l'Afghanistan
ma Anku	la Corée du Sud
ma Ilakija	l'Irak
ma Ilan	l'Iran
ma Intonesija	l'Indonésie
ma Isale	Israël
ma Jamanija	le Yémen
ma Kanpusi	le Cambodge
ma Katelo	la Géorgie
ma Kuli	le Kurdistan
ma Kusala	le Gujarat
ma Kuwasi	le Koweït
ma Lanka	Sri Lanka
ma Losi	la Russie

ma Lunpan	le Liban
ma Malasija	la Malaisie
ma Masu	l'Égypte
ma Mijama	le Myanmar
ma Nijon	le Japan
ma Pakisan	le Pakistan
ma Palani	Bahreïn
ma Palata	l'Inde
ma Panla	le Bangladesh
ma Pilipina	les Philippines
ma Pilisin	la Palestine
ma Po	le Tibet
ma Sawusi	l'Arabie saoudite
ma Sinkapo	Singapour
ma Sonko	la Chine
ma Sulija	la Syrie
ma Tawi	la Thaïlande
ma Tuki	la Turquie
ma Uman	Oman
ma Utun	la Jordanie
ma Wije	le Viet Nam

L'Europe

ma Alan	l'Irlande
ma Antola	l'Andorre
ma Elena	la Grèce
ma Epanja	l'Espagne

ma Esalasi	l'Autriche
ma Esi	l'Estonie
ma Esuka	le Pays basque
ma Inli	l'Angleterre
ma Isilan	l'Islande
ma Italija	l'Italie
ma Juke	le Royaume-Uni
ma Kalalinuna	le Groenland
ma Kanse	la France
ma Katala	les Pays catalans
ma Katelo	la Géorgie
ma Kinla	le Pays de Galles
ma Kiposi	Chypre
ma Lawi	la Lettonie
ma Lijatuwa	la Lituanie
ma Lisensan	le Liechtenstein
ma Lomani	la Roumanie
ma Losi	la Russie
ma Lowasi	la Croatie
ma Lowenki	la Slovaquie
ma Lowensina	la Slovénie
ma Lusepu	le Luxembourg
ma Maketonija	la Macédoine
ma Mosijo	la Hongrie
ma Motowa	la Moldavie
ma Netelan	les Pays-Bas
ma Nosiki	la Norvège
ma Pelalusi	le Bélarus
ma Pesije	la Belgique

ma Peson	la Bretagne
ma Pokasi	la Bulgarie
ma Posan	la Bosnie
ma Posuka	la Pologne
ma Potuke	le Portugal
ma Samalino	Saint-Marin
ma Seki	la République tchèque
ma Sipe	l'Albanie
ma Sopisi	la Serbie
ma Sukosi	l'Écosse
ma Sumi	la Finlande
ma Suwasi	la Suisse
ma Tansi	le Danemark
ma Tosi	l'Allemagne
ma Tuki	la Turquie
ma Ukawina	l'Ukraine
ma Wasikano	le Vatican
ma Wensa	la Suède

L'Océanie

ma Intonesija	l'Indonésie
ma Kilipasi	Kiribati
ma Nusilan	la Nouvelle-Zélande
ma Oselija	l'Australie
ma Papuwanijukini	la Papouasie-Nouvelle-Guinée
ma Pisi	les Fidji
ma Samowa	les Samoa
ma Tona	les Tonga
ma Tuwalu	les Tuvalu
ma Wanuwatu	le Vanuatu

Langues du monde

toki Alapi	l'arabe
toki Apikan	l'afrikaans
toki Awasa	le haoussa
toki Awisi	le créole haïtien
toki Elena	le grec
toki Epanja	l'espagnol
toki Esi	l'estonien
toki Esuka	le basque
toki Inli	l'anglais
toki Insi	le hindi
toki Intonesija	l'indonésien
toki Inu	les langues inuites
toki Ipo	l'igbo
toki Isilan	l'islandais
toki Italija	l'italien
toki Iwisi	l'hébreu
toki Jolupa	le yoruba
toki Kalike	le gaélique écossais
toki Kanse	le français
toki Kantun	le cantonais
toki Kinla	gallois
toki Lasina	le latin
toki Lomani	le roumain
toki Losi	le russe
toki Lowasi	le croate
toki Mosijo	le hongrois
toki Netelan	le néerlandais

toki Nijon	le japonais
toki Nosiki	le norvégien (bokmål)
toki Nosiki sin	le norvégien (nynorsk)
toki Panla	le bengali
toki Peson	le breton
toki Pokasi	le bulgare
toki Posan	le bosnien
toki Potuke	le portugais
toki Sameka	le créole jamaïcain
toki Seki	le tchèque
toki Sesi	le tsez
toki Sikipe	l'albanais
toki Sonko	le chinois
toki Sopisi	le serbe
toki Sumi	le finnois
toki Tansi	le danois
toki Topisin	le tok pisin
toki Tosi	l'allemand

Les langues des signes

La publication linguistique Ethnologue recense 121 langues des signes utilisées par les communautés sourdes à travers le monde. Pour nommer une langue des signes en Toki Pona, on ajoute tout simplement le pays ou la région après *toki luka* (langue des mains). Voici une liste incomplète :

toki luka	langue des signes
toki luka Kanse	la langue des signes française
toki luka Kepeka	la langue des signes québécoise
toki luka Mewika	la langue des signes américaine
toki luka Oselija	la langue des signes australienne
toki luka Piten	la langue des signes britannique
toki luka Sonko	la langue des signes chinoise
toki luka Tosi	la langue des signes allemande
toki Kanse luka	le français signé
toki pona luka	le Toki Pona signé

Langues construites

Bien sûr le Toki Pona n'est pas la seule langue construite. Voici quelques autres créations :

toki sin	langue construite
toki Apiwili	l'afrihili
toki Elepen	la lingua franca nova
toki Epelanto	l'espéranto

toki Inli pona	Basic English
toki Inota	Lingua Ignota
toki Intelinwa	l'interlingua
toki Ito	l'ido
toki Kuwenja	le quenya
toki Latan	le láadan
toki Litepa	la lingwa de planeta
toki Losupan	le lojban
toki Mansi	le mänti
toki Nawi	le na'vi
toki Nejo	le neo
toki Olapi	le volapük
toki Palepelen	Bâleybelen
toki Pasiki	Vaijskäskhä
toki pona	le Toki Pona
toki Sanpasa	Sambahsa
toki Selen	Seren
toki Semisi	Semitish
toki Sinan	le klingon
toki Sintalin	le sindarin
toki sitelen Anlasi	Unker Non-Linear Writing System
toki sitelen Pisinpo	Blissymbols
toki Soleso	le solresol
toki Soma	Somish
toki Tolome	Traumae
toki Tosulaki	le dothraki

Guide de conversation

toki	bonjour!
pona	bien, merci, d'accord, OK
pona tawa sina	que la paix soit sur vous
mi tawa	au revoir (dit par celui qui part)
tawa pona	au revoir (dit par celui qui reste)
mi wile (e ni)	s'il vous plaît, j'aimerais
ale li pona	tout va bien, la vie est belle, ne t'inquiète pas
ike a	oh là là
lape pona	bonne nuit
kama pona	bienvenue
moku pona	bon appétit
seme li sin?	quoi de neuf?
sina pilin seme?	comment te sens-tu?
a a a!	ha ha ha!
mi kama sona e toki pona	j'apprends le Toki Pona
sina pona	tu es génial
mi olin e sina	je t'aime
tomo telo li lon seme?	où sont les toilettes?

Dictionnaire officiel du Toki Pona

a ou *kin*

> PARTICULE (accent, émotion ou confirmation)

akesi

> NOM animal non-mignon ; reptile, amphibien

ala

> ADJECTIF non, ne, pas, aucun, zéro

alasa

> VERBE chasser, cueillir

ale ou *ali*

> ADJECTIF tous, abondants, innombrables

> NOM tout, abondance, la vie, l'univers

> NOMBRE 100

anpa

> ADJECTIF incliné vers le bas, humble, qui dépend

ante

> ADJECTIF différent, changé, autre

anu

> PARTICULE ou

awen

> ADJECTIF resté, protégé, gardé, qui attend, qui persiste, conservé

> AUXILIAIRE continuer à

e

> PARTICULE (avant l'objet direct)

en

> PARTICULE (entre plusieurs sujets)

esun

    NOM marché, boutique, foire, magasin, commerce

ijo

    NOM chose, phénomène, objet, matière

ike

    ADJECTIF mauvais, négatif ; superflu, non pertinent

ilo

    NOM outil, instrument, équipement, machine, appareil

insa

    NOM centre, contenu, intérieur, entre ; estomac, viscères

jaki

    ADJECTIF dégoûtant, obscène, maladif, toxique, impur, insalubre

jan

    NOM être humain, personne, quelqu'un

jelo

    ADJECTIF jaune

jo

    VERBE avoir, porter, contenir, tenir

kala

    NOM poisson, animal sous-marin

kalama

    VERBE émettre un son ; réciter, proférer

kama

    ADJECTIF qui arrive, qui vent, futur, venu

    AUXILIAIRE devenir, arriver à, réussir à

kasi

    NOM plante, végétation ; herbe, feuille

ken

    AUXILIAIRE pouvoir

    ADJECTIF possible

kepeken

    PRÉPOSITION en utilisant, avec, au moyen de

kili

    NOM fruit, légume, champignon

kiwen

    NOM objet dur, métal, pierre

ko

    NOM argile, pâte, poudre, substance collante, semi-solide

kon

    NOM air, souffle ; essence, esprit ; réalité cachée, agent invisible

kule

    ADJECTIF coloré, pigmenté, peint

kulupu

    NOM communauté, groupe, nation, société, tribu, compagnie

kute

    NOM oreille

    VERBE entendre, écouter ; faire attention à, obéir

la

    PARTICULE (entre le contexte et la phrase principale)

lape

    ADJECTIF dormant, se reposant

laso

    ADJECTIF bleu, vert

lawa

    NOM tête

    VERBE dominer, diriger, guider, mener, posséder, régler

len

NOM tissu, vêtement, textile ; couverture, rideau d'intimité

lete

ADJECTIF froid, frais ; cru

li

PARTICULE (entre le sujet et son verbe, à l'exception de *mi* ou *sina* tout seul ; sert aussi à introduire un nouveau verbe pour le même sujet)

lili

ADJECTIF petit, (un) peu, jeune

linja

NOM objet long et flexible : corde, cheveu, fil, ligne

lipu

NOM objet plat ; livre, document, carte, papier, site web

loje

ADJECTIF rouge

lon

PRÉPOSITION à, situé à, présent à, dans, sur ; réel, vrai, actuel

luka

NOM bras, main, organe du toucher

NOMBRE cinq

lukin or *oko*

NOM œil

VERBE regarder, voir, examiner, observer, lire, surveiller

AUXILIAIRE chercher à, essayer de

lupa

NOM porte, trou, orifice, fenêtre

ma

NOM terre, sol ; monde, lieu en plein air ; pays, territoire

mama

    NOM parent, ancêtre ; créateur ; celui ou celle qui prend soin

mani

    NOM argent, richesse ; grand animal domestiqué

meli

    NOM femme, femelle ; épouse

mi

    NOM je, moi, nous

mije

    NOM homme, mâle ; mari

moku

    VERBE manger, boire, consommer, avaler

moli

    ADJECTIF mort, mourant

monsi

    NOM dos, derrière, arrière

mu

    PARTICULE (cri ou communication d'un animal)

mun

    NOM lune, astre, étoile

musi

    ADJECTIF artistique, divertissant, frivole, pour s'amuser

mute

    ADJECTIF beaucoup de, plusieurs, plus de ; très

    NOM quantité

nanpa

    PARTICULE -ième (nombre ordinal)

    NOM nombre

nasa

    ADJECTIF étrange, insolite ; fou, bête, idiot ; ivre

nasin

    NOM chemin, voie ; manière, façon ; coutume, méthode,
        doctrine

nena

    NOM nez ; bosse, colline, montagne ; bouton

ni

    ADJECTIF ce, cette

nimi

    NOM mot, nom

noka

    NOM pied, jambe, organe de locomotion ; bas, dessous

o

    PARTICULE hé ! ô ! (vocatif ou impératif)

olin

    VERBE aimer, respecter, compatir, montrer de l'affection pour

ona

    NOM il(s), elle(s)

open

    VERBE commencer, ouvrir, allumer

pakala

    ADJECTIF brisé, cassé, abîmé, bâclé, gâché

pali

    VERBE faire, agir sur, travailler, construire, préparer

palisa

    NOM objet long et dur : bâton

pan

    NOM céréale ; riz, blé, orge, maïs, avoine ; pain, pâtes

pana

    VERBE donner, envoyer, mettre, fournir, émettre, lâcher

pi

    PARTICULE de

pilin

    NOM cœur (physique et psychologique)

    ADJECTIF qui ressent (une émotion, une expérience directe)

pimeja

    ADJECTIF noir, foncé, sombre

pini

    ADJECTIF fini, passé, terminé

pipi

    NOM insecte, araignée, fourmi

poka

    NOM hanche, côté ; proximité

poki

    NOM sac, bol, récipient, tasse, placard, tiroir, vase

pona

    ADJECTIF bon, positif, utile ; sympa, paisible ; simple

pu

    ADJECTIF interagissant avec le livre officiel du Toki Pona

sama

    ADJECTIF même, semblable; l'un l'autre ; fraternel, homologue

    PRÉPOSITION comme

seli

    NOM feu ; élément de cuisson, réaction chimique, chaleur

selo

    NOM forme, couche extérieure, peau, écorce, pelure, peau, coquille ; limite

seme

PARTICULE quoi ? quel ?

sewi

NOM dessus, le haut, chose élevée

ADJECTIF divin, sacré, surnaturel, qui inspire le respect et la
crainte

sijelo

NOM corps, état physique, torse

sike

NOM objet rond : ballon, cercle, cycle, sphère, roue, anneau

ADJECTIF annuel

sin ou *namako*

ADJECTIF nouveau, frais ; encore un, de plus

sina

NOM tu, toi, vous

sinpin

NOM avant, visage, front, mur

sitelen

NOM image, représentation, symbole, marque, écriture

sona

VERBE savoir, connaître

AUXILIAIRE savoir

soweli

NOM animal, mammifère terrestre

suli

ADJECTIF grand, lourd, long ; important ; adulte

suno

NOM soleil, lumière, lueur, brillant

supa

> NOM surface horizontale sur laquelle on pose quelque chose

suwi

> ADJECTIF doux, parfumé, mignon, innocent, adorable

tan

> PRÉPOSITION de, provenant de, à cause de

taso

> PARTICULE mais, cependant
>
> ADJECTIF seulement

tawa

> PRÉPOSITION à, allant à, vers, pour, du point de vue de
>
> ADJECTIF en mouvement, animé

telo

> NOM eau, liquide, fluide, substance mouillée, boisson

tenpo

> NOM temps, durée, moment, occasion, période, situation

toki

> VERBE communiquer, dire, parler, penser

tomo

> NOM espace intérieur, lieu couvert ; maison, bâtiment, édifice,
> pièce, chambre, chez soi, demeure

tu

> NOMBRE deux

unpa

> VERBE avoir des rapports sexuels ou conjugaux avec

uta

> NOM bouche, lèvres, cavité buccale, mâchoire

utala

> VERBE se battre contre, lutter contre

walo

    ADJECTIF blanc, clair, pâle

wan

    ADJECTIF unique, uni

    NOMBRE un

waso

    NOM oiseau, créature volante, animal ailé

wawa

    ADJECTIF fort, puissant ; sûr, confiant ; énergique, intense

weka

    ADJECTIF absent, enlevé, éloigné

wile

    AUXILIAIRE devoir, avoir besoin de, vouloir